SONO CORAGGIOSO!

UN LIBRO CON TANTE ATTIVITÀ PER CRESCERE... CORAGGIOSISSIMI!

EDICART

EDICART è un marchio EDICART Style
Via Jucker, 28 - Legnano (MI) - Italia
Illustrazioni di *Katie Abey*
Testi di *Sharie Coombes*
Titolo originale: *Be Brave!*
Traduzione dall'inglese di *Elena Riva*

www.edicart.it

SONO CORAGGIOSO!

QUESTO LIBRO APPARTIENE A

____

BENVENUTO!

Sharie Coombes
Psicoterapeuta infantile e familiare

Ogni tanto capita a tutti di avere paura. Questo divertente libro di attività è perfetto per farti riflettere e parlare delle cose che ti danno fastidio, così potrai tornare te stesso e goderti la vita.

Svolgere queste attività ti aiuterà a sentirti più coraggioso, a capire le tue emozioni, a scegliere come reagire, a parlare ad altri delle tue preoccupazioni (se vuoi) e ad accrescere il coraggio, la fiducia in te stesso e la positività. Prova a leggere questo libro in un luogo tranquillo e comodo dove puoi pensare e in cui ti senti rilassato. Decidi tu quali pagine fare: puoi completare una pagina al giorno se vuoi, oppure farne tante in una volta sola. Puoi iniziare da dove vuoi e anche tornare indietro a una certa pagina più e più volte. Non ci sono regole!

A volte le nostre preoccupazioni ci sembrano così grandi che iniziamo a pensare che nulla ci potrà aiutare, ma c'è sempre una soluzione a ogni problema. Tutto si risolve e di tutto si può parlare, anche se al momento non sembra così. Potresti mostrare alcune di queste attività a persone importanti nella tua vita per riuscire a spiegare meglio cosa provi e cosa ti turba. Puoi sempre parlare a un adulto di cui ti fidi a scuola o a casa, o chiedere a un adulto di portarti dal dottore perché ti aiuti a risolvere eventuali problemi.

Sono moltissimi i bambini che ogni tanto hanno bisogno di un po' di aiuto extra. Ecco qui due organizzazioni a cui puoi rivolgerti se non vuoi parlare con qualcuno che conosci: queste persone hanno ascoltato migliaia di bambini con ogni problema immaginabile e sapranno come aiutarti.

ASSOCIAZIONE P.A.R.V.U.S.

L'associazione si occupa principalmente di sostegno alla genitorialità attraverso interventi psicologici di accompagnamento, per favorire una crescita migliore dei figli.

http://www.associazioneparvus.it/sito/

ASSOCIAZIONE IO SONO

Propongono attività per tutti: singoli, famiglie, comunità, scuole.

Per confrontarsi sull'educazione nel senso più ampio del termine (ambientale, sociale, scolastica, psicologica, artistica, ecc.).

http://www.associazioneiosono.it/

LA TARTARUGA, IL TOPO E IO!

Miliardi di cellule cerebrali lavorano insieme per formare il nostro straordinario cervello, che ci aiuta a organizzare, imparare e comprendere. È anche responsabile di ogni emozione e sensazione che proviamo.

PAURA

PANICO

Le emozioni sopraggiungono all'improvviso, facendo scorrere in tutto il tuo corpo una scarica di sostanze chimiche. Le sensazioni sono ciò che noti nel corpo a causa delle emozioni. La paura, il panico e la fobia sono alcune sensazioni difficili che potresti riconoscere.

FOBIA

Quando sei spaventato puoi sentire il batticuore e un nodo allo stomaco. Anche il cuore e la pancia sono collegati al cervello.

La grande notizia è che puoi abbandonare quest'abitudine e imparare a fare le cose in maniera diversa, sentirti più coraggioso e riprendere il controllo.

BLOCCARSI, SCAPPARE, COMBATTERE

Circondati da animali selvatici e famelici, i nostri antenati dovevano essere pronti a tutto. Il loro cervello creava sensazioni di paura per mantenerli vigili. Impararono quindi a bloccarsi e poi a scappare dalle minacce o combatterle. Oggi il nostro cervello non ha bisogno di essere così cauto, e quest'antica abitudine ci ostacola.

Il tuo cervello è costituito da tre parti che lavorano sia separatamente sia insieme.

IL TARTACERVELLO

Questa parte antica del cervello controlla le funzioni vitali come il battito cardiaco, la respirazione, la temperatura corporea e l'equilibrio. È una zona che abbiamo in comune con tutti gli animali, persino con i rettili.

IL TOPOCERVELLO

I mammiferi svilupparono questa parte moltissimo tempo fa. È responsabile delle sensazioni di paura che ci fanno evitare le cose spaventose, ci terrorizzano o ci fanno venire le fobie.

L'IOCERVELLO

L'IoCervello ti rende ciò che sei. Impara, sviluppa il linguaggio, pensa e ti regala l'immaginazione. Gli si può insegnare a prendere il controllo e ad aiutarti a reagire in modo diverso alle cose che fanno paura.

La paura, il panico e la fobia NON sono eterni.
PUOI sbarazzartene, ed è più semplice di quanto credi!
Svolgi le attività e scopri cosa riesci a ottenere. BUON DIVERTIMENTO!

I SEGNI DELLO SPAVENTO

Ogni tanto tutti fanno fatica a essere coraggiosi.

Quando hai paura, il corpo reagisce in modi che fanno sentire molto a disagio.

Rilassati: è solo il tuo TartaCervello che si fa prendere dall'agitazione e chiama in soccorso il TopoCervello e l'IoCervello mentre se ne sta rintanato nel guscio.

QUESTO SONO IO

Aggiungi parole, immagini e disegni a questa pagina per illustrare i segni dello spavento del tuo TartaCervello ed esprimere come ti senti quando hai paura. Nella pagina accanto trovi alcuni suggerimenti.

I SEGNI DELLO SPAVENTO DEL TARTACERVELLO

Non tutte le persone manifestano tutti questi segni dello spavento: impara a conoscere i tuoi. Puoi anche chiedere ai tuoi amici e famigliari quali sono i loro.

L'AUDACE DOMATORE DI TARTARUGHE

Sfida te stesso imparando e ripetendo le tappe del CORAGGIO ogni volta che provi paura o panico.

Vuoi AVERE CORAGGIO? Puoi domare il tuo TartaCervello spaventato e insegnarli a sentirsi più sicuro, calmo e coraggioso.

LE 7 TAPPE DEL CORAGGIO

1 ACCORGITI dei segni dello spavento nel tuo corpo

2 INCORAGGIA il TartaCervello a rientrare nel guscio

3 RESPIRA lentamente e profondamente per cinque volte

4 RILASSA l'Io-Cervello perché possa affrontare il problema e...

5 CHIEDI al TopoCervello di confortare il TartaCervello

6 VISUALIZZA te stesso mentre agisci in questo modo

7 GODITI il tuo coraggio!

Aggiungi una X in questa griglia ogni volta che riesci a domare il tuo TartaCervello.

I respiri profondi sono come onde delicate che lambiscono la spiaggia, rilassando il tuo TartaCervello.

COCCOLE AL TOPOLINO

Il tuo TopoCervello si lancia in azione con la velocità di un fulmine, ma è piuttosto sveglio e puoi allenarlo facilmente a essere coraggioso con qualche rassicurazione ogni giorno.

Cosa potresti dire al topo per far sì che continui a sentirsi coraggioso? Completa tu!

Ti aiuto a venirne fuori.

Presto tornerai a sentirti bene.

Per aiutare il topo a sentirsi al sicuro e protetto, disegnagli qualcosa sotto cui possa ripararsi, qualcosa per farlo stare comodo e qualcosa da fare.

È tutto sotto controllo.

TUTTO ME STESSO

Anche se a volte non sembra, le tue paure sono solo una piccola parte di te. Tu sei MOLTO più grande delle tue paure.

Scegli una o due delle tue più grandi paure e mettile al centro, poi riempi il resto dei riquadri con tutte le cose che ti piace fare, le persone che ami e che ti amano, le cose che ti riescono bene, bei ricordi, traguardi raggiunti, complimenti che ti hanno fatto e qualsiasi altra cosa ti venga in mente.

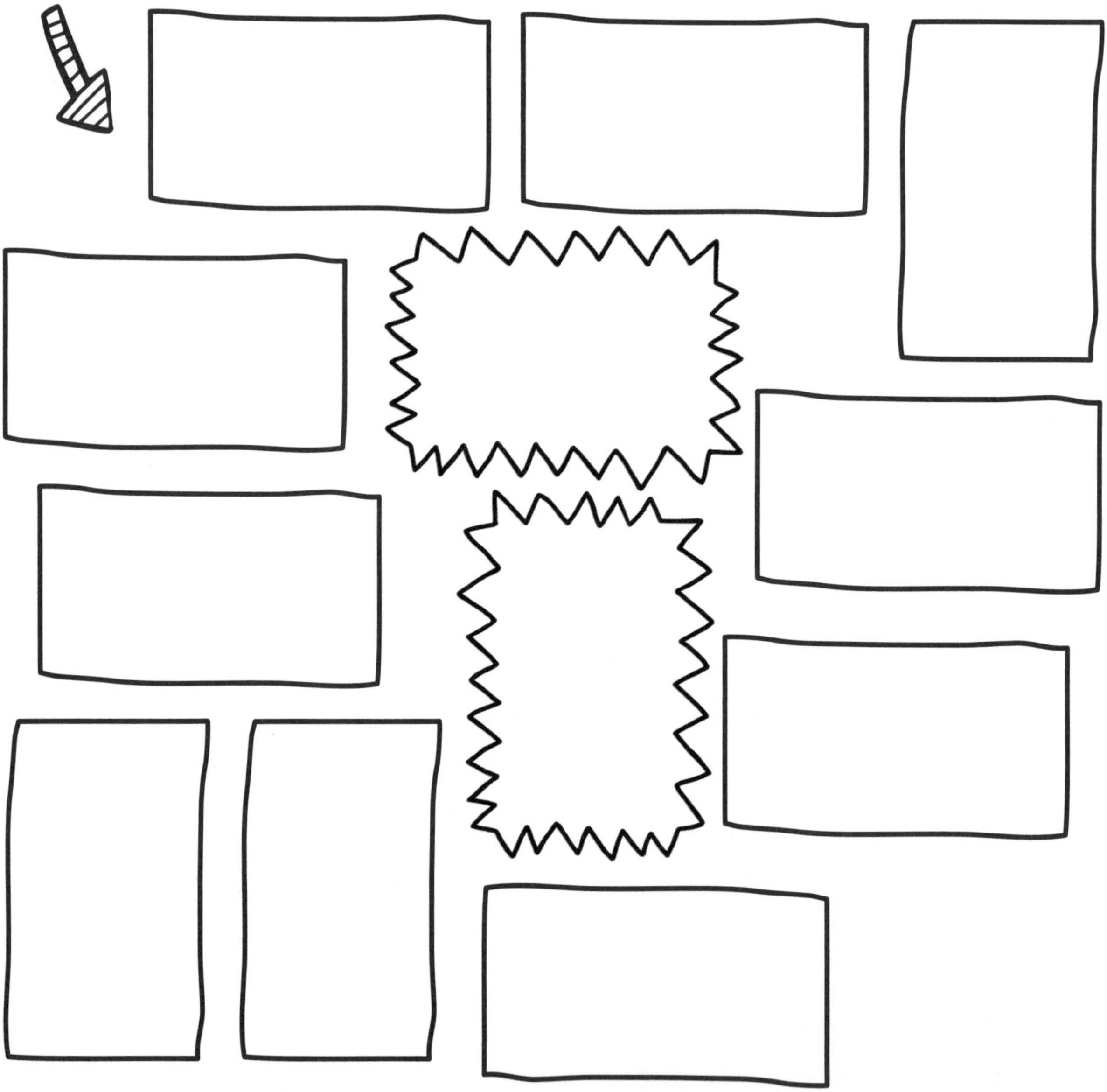

Colora il disegno
e rendi calmissime
tutte e tre le parti
del tuo cervello.

IO SONO PIÙ GRANDE DELLE MIE PAURE

Ogni volta che sei spaventato, riguarda questo disegno per aiutarti a sentirti più coraggioso.

TRIANGOLI ZEN

La respirazione triangolare è un ottimo modo per calmare l'intero cervello e riprendere il controllo.

Fai scorrere il dito lungo i lati di un triangolo mentre inspiri, trattieni il fiato e sorridi, e poi espiri.

Fallo con quanti triangoli vuoi. Puoi anche usare il palmo della mano se finisci i triangoli!

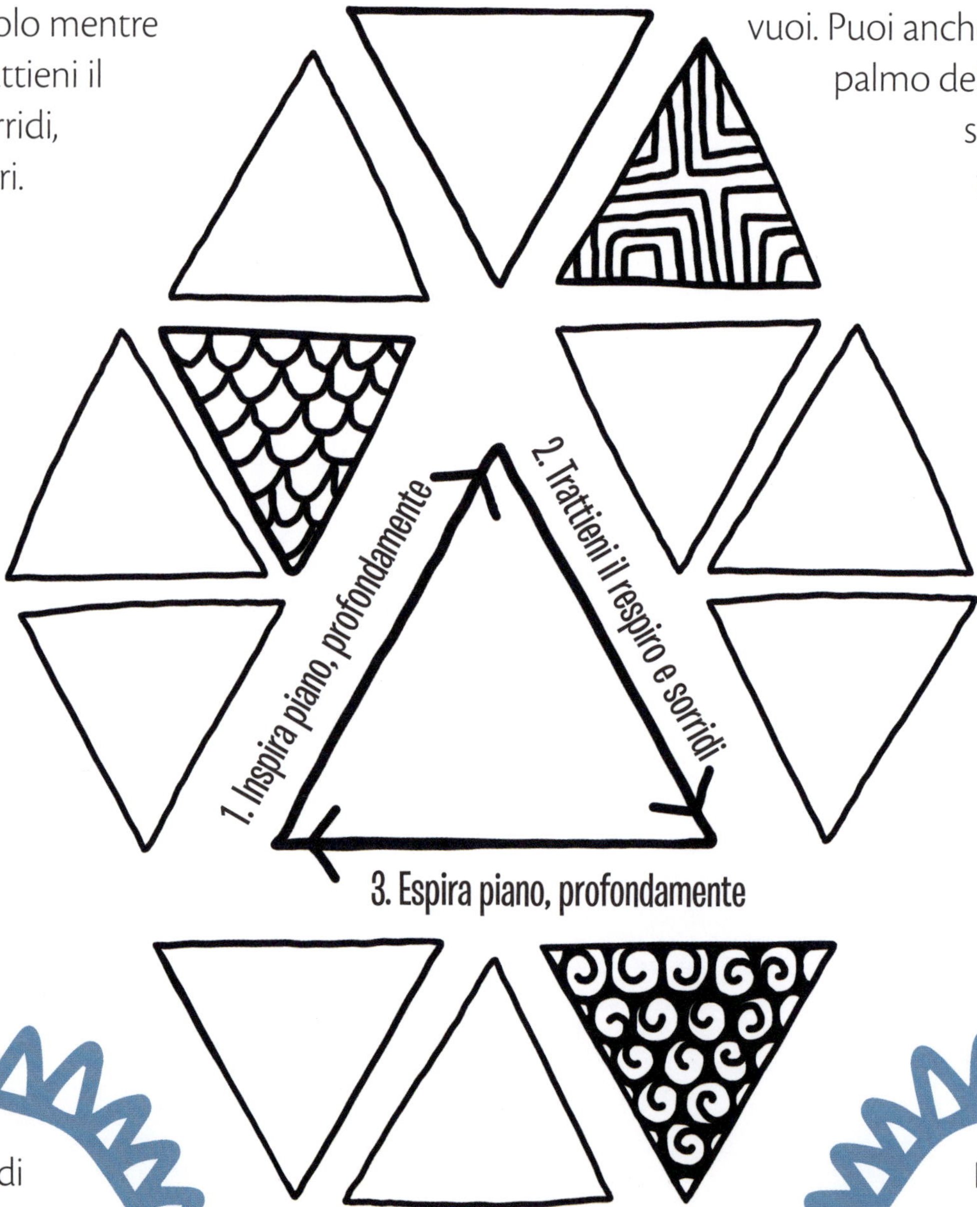

Che ne dici di colorare o decorare alcuni triangoli con disegni zentangle?

Prova a far
in modo ch
l'espirazion
sia più lung
dell'inspirazione

IL FANTASTICO IOCERVELLO

Il tuo IoCervello è straordinario!

Le tue abilità, i tuoi interessi e i tuoi talenti provengono dall'IoCervello.

Aggiungi in questa pagina le cose che il tuo IoCervello sa fare o conosce.

Fatti suggerire qualche idea dagli altri, se non ti viene in mente più niente.

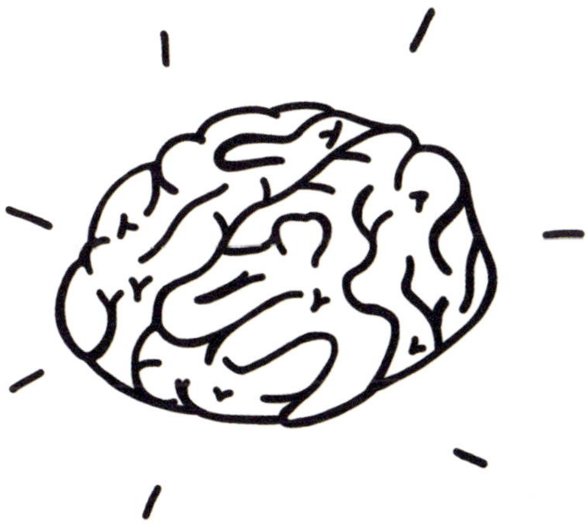

Caro IoCervello,

grazie per tutto.

Sei fantastico!

TVB,

il resto di me

IL TUO IOCERVELLO SA FARE ALCUNE DI QUESTE COSE?

Leggere, scrivere, ballare, cantare, ricordare, fare sport, mettersi alla prova, lavorare a maglia, recitare le tabelline, parlare francese, giocare a scacchi, saltare la corda.

PRENDO NOTA!

Usa questa pagina per annotare tutti i modi in cui la tua vita migliorerà adesso che hai imparato a ESSERE CORAGGIOSO! Cosa farà la più grande differenza per te?

Chi sarà la prima persona ad accorgersi dei cambiamenti?

Sbizzarrisciti con i colori, le scritte stravaganti e/o tutto quello che ti viene in mente.

L'ALBERO DELLA VITA

Colora la figura che si trova nella posizione in cui sei tu adesso, e segna la data e l'ora.

Le sfide della vita sono più facili in alcuni giorni e più difficili in altri, a seconda di come ti senti.

Dove ti trovi in questo momento nell'albero della vita?

Riguarda questa pagina più tardi, nei prossimi giorni e nelle settimane a venire, e segna ogni volta la tua posizione.

LEONE O CRICETO?

A volte la paura ci inganna facendoci credere che qualcosa è come un leone spaventosamente feroce, quando in realtà è solo un timido criceto.

Entrambi hanno i denti, il pelo, gli artigli, la coda e gli occhi lucenti, ma uno è carino e non ti minaccia, mentre l'altro fa molta più paura.

Spesso ci dimentichiamo di esaminare i fatti, ed è facile, per il TartaCervello e il TopoCervello, scambiare il criceto per un leone!

In questi riquadri disegna o scrivi le cose che ti spaventano.

Segna quanto ti scombussolano su una scala da 1 a 10, dove 1 è una cosa tranquillissima e 10 è la cosa più terrificante che riesci a immaginare.

___/10

Criceto ☐

Leone ☐

___/10

Criceto ☐

Leone ☐

___/10

Criceto ☐

Leone ☐

Quando hai dato un voto a ogni paura, rifletti usando il tuo IoCervello e segna se si tratta in realtà solo di un criceto o se davvero ti sembra un leone.

___/10 Criceto ☐ Leone ☐

___/10 Criceto ☐ Leone ☐

___/10 Criceto ☐ Leone ☐

___/10 Criceto ☐ Leone ☐

Quante sono criceti?
Quante sono leoni?
Qual è il leone più feroce?

Quante sono criceti?	☐
Quante sono leoni?	☐

Chiedi agli amici o ai tuoi cari di parlarti dei loro leoni e criceti.

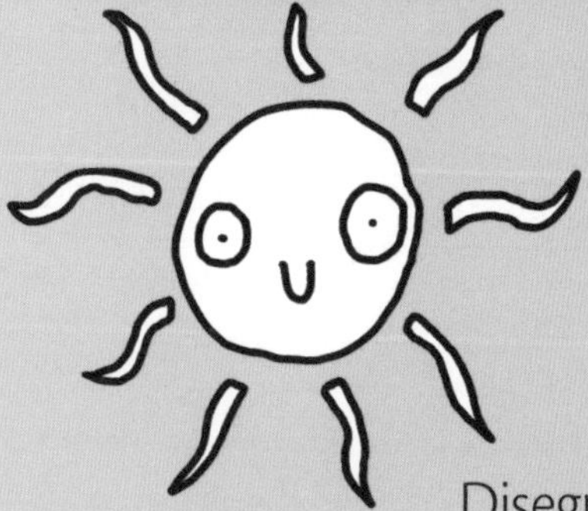

EVVIVA IL SOLE!

Alcune persone sono come raggi di sole. Trascorri più tempo con loro.

Disegna il volto delle tue persone-raggio di sole e scrivi il loro nome

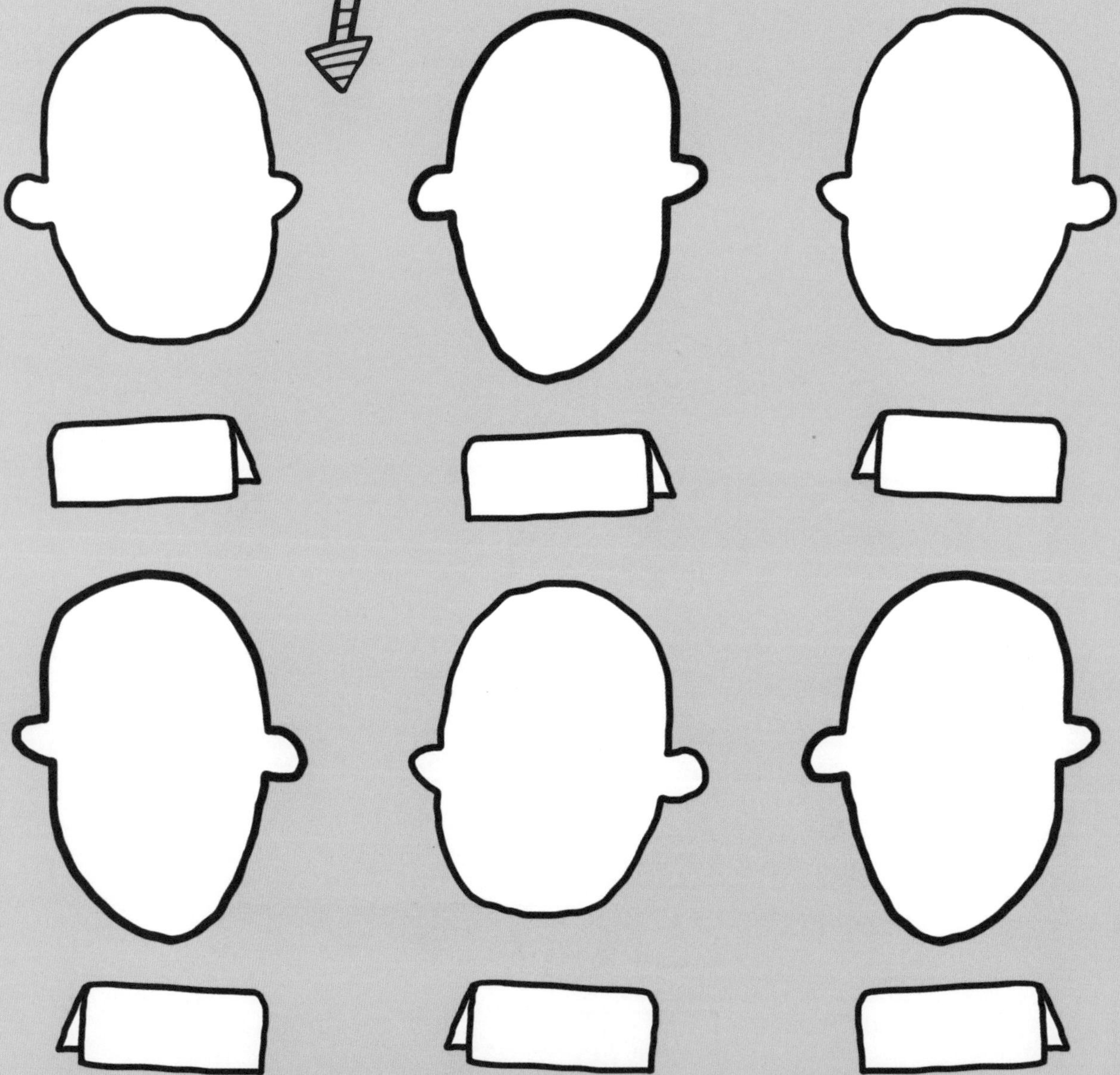

CE L'HAI FATTA!

Compila questi riquadri raccontando delle volte in cui qualcosa sembrava troppo difficile ma sei stato coraggioso e ce l'hai fatta comunque.

Prova a riscrivere questi appunti su dei post-it e attaccali dove puoi vederli tutti i giorni.

FORZA ME!

VINCI LA PAURA!

IL CORAGGIO CI SALVERÀ!

CONOSCI I TUOI LEONI

Impara a conoscere meglio i tuoi leoni. Se si sentono capiti, magari non saranno feroci come credi.

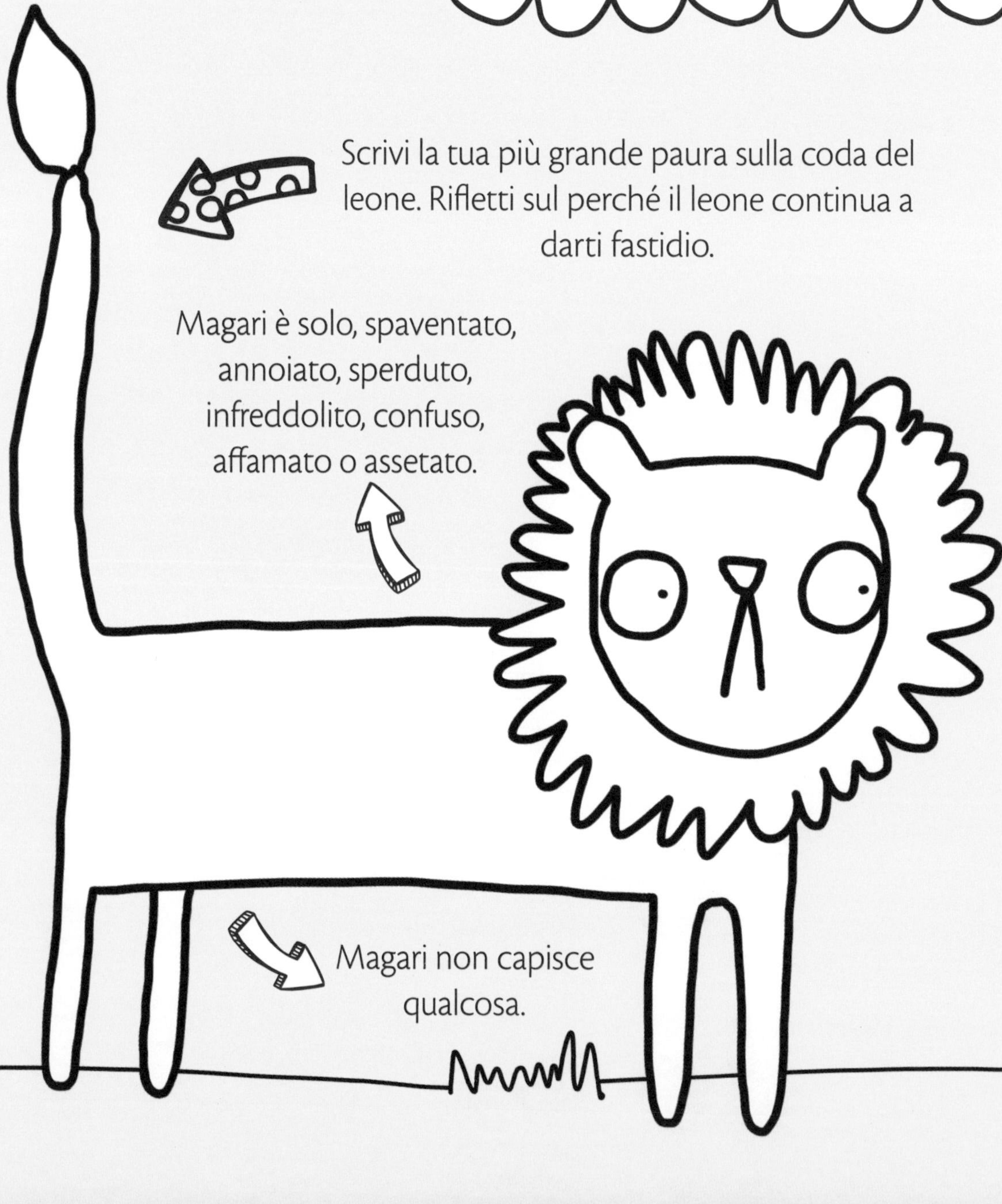

Scrivi la tua più grande paura sulla coda del leone. Rifletti sul perché il leone continua a darti fastidio.

Magari è solo, spaventato, annoiato, sperduto, infreddolito, confuso, affamato o assetato.

Magari non capisce qualcosa.

Dai al leone un posto sicuro in cui pensare a cosa gli serve per sentirsi felice e libero, così non avrà motivo per darti fastidio.

Manda qualcun altro dei tuoi leoni in questo nuovo rifugio per formare un branco. Metti un nome sulla coda di ciascuno.

IL PUZZLE DELLA MEMORIA

La memoria è in parti separate del cervello in minuscoli frammenti.

Spesso le persone ricordano lo stesso evento in modi leggermente diversi, a seconda di cosa era importante per loro.

I ricordi non sono registrazioni esatte.

Pensa a un momento divertente che hai vissuto con qualcuno e disegnalo o incolla qui una foto. Scrivi due cose che ti ricordi di quel momento.

Chiedi all'altra persona di ricordare due cose dello stesso evento senza mostrargli quello che hai scritto. Ci sono differenze tra le due versioni?

COLORA!

SO ESSERE CORAGGIOSO!

Disegna una situazione o una cosa che ti spaventa o ti terrorizza.

Abbonda con i dettagli.

Ricordati di assaporare la sensazione di **ESSERE CORAGGIOSO!**

Prenditi tutto il tempo per osservare ogni parte del disegno mentre lo colori con attenzione. Puoi fermarti per praticare la respirazione triangolare ogni volta che vuoi. Continua finché tutta la tua mente è in pace quando guarda il disegno.

Adesso aggiungi delle parole tutt'attorno al disegno per ricordarti che qui questa cosa non ti può fare male. Rimetti al suo posto questa vecchia paura e dille che non sei più spaventato: sei coraggioso.

LO STESSO

Anche se non ti senti tanto bene, molte parti di te continuano a stare bene al 100%.

Disegna te stesso quando hai paura. Quali sono i tuoi segni dello spavento?

Adesso disegna le parti di te che stanno bene.

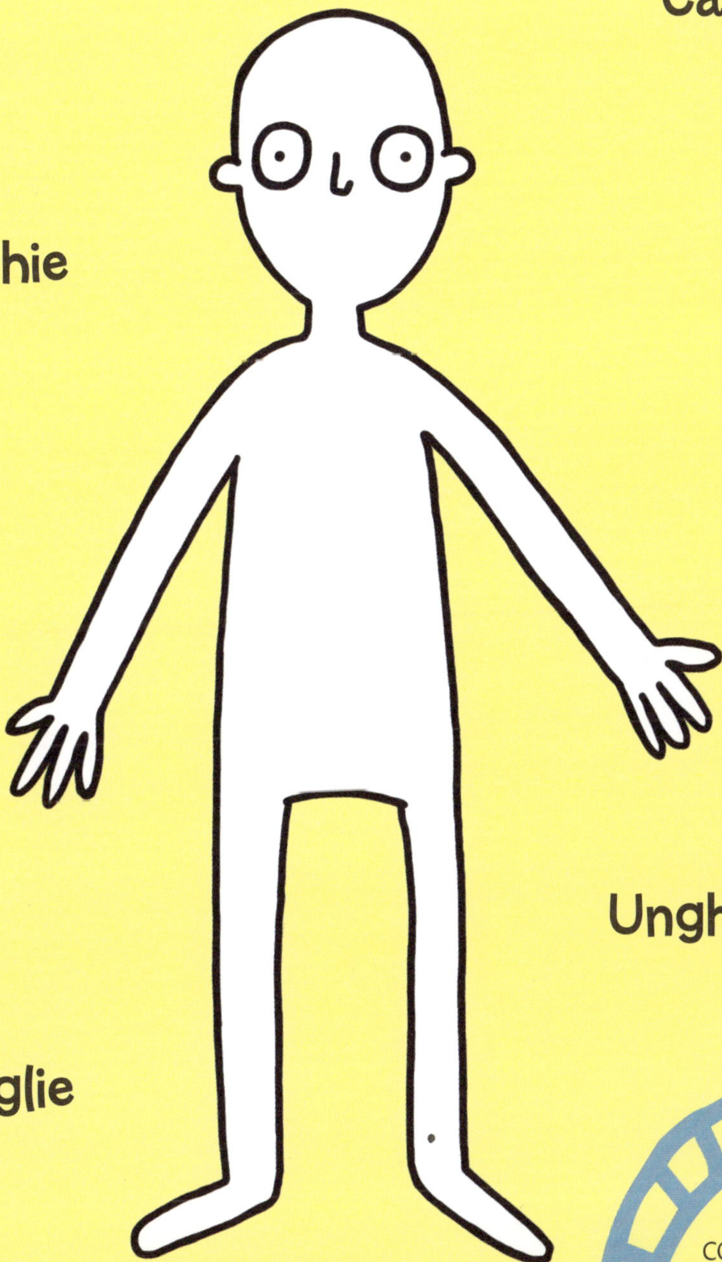

Capelli

Orecchie

Narici

Unghie

Caviglie

Dita dei piedi

La prossima volta che sei spaventato, concentrati sulle parti di te che stanno benone e guarda quanto fa in fretta il tuo IoCervello a prendere il controllo.

CHE PESCI PIGLIARE

Niente calma la mente come guardare i pesci che nuotano. Perché non provi a costruirti un acquario personale che ti aiuterà a rilassarti? Chiedi a un adulto di darti una mano in questa attività.

- Un barattolo grande con coperchio.
- Ghiaia per acquario o sassolini.
- Una pianta per acquario da un negozio di animali.
- Pesci e altre creature marine di plastica.
- Piccole conchiglie.
- Una brocca d'acqua con colorante alimentare (o inchiostro) blu e/o glitter.
- Colla a caldo, da far usare esclusivamente a un adulto.

Inserisci la pianta nel barattolo prima della ghiaia e chiedi a un adulto di incollarla.

Fagli aggiungere un po' di colla sul fondo del barattolo e riempilo con la ghiaia assicurandoti che sia ben incollata.

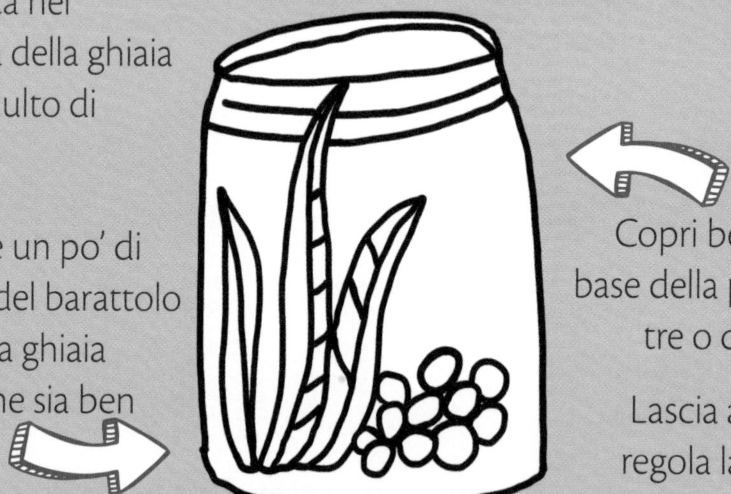

Copri bene tutti i lati della base della pianta per almeno tre o quattro centimetri.

Lascia asciugare la colla e regola la pianta in altezza.

Ora aggiungi i pesci di plastica o le creature marine. Non usare animali veri!

Poi infila qualche conchiglia.

Riempi una brocca d'acqua, a cui puoi aggiungere alcune gocce di inchiostro o colorante alimentare blu oppure un po' di glitter (ma puoi anche lasciarla trasparente).

Riempi lentamente il barattolo con l'acqua fino a un centimetro dall'apertura e chiudi bene il coperchio.

Tieni il barattolo dritto.

Puoi sigillare il coperchio con la colla a caldo, ma chiedi a un adulto di aiutarti.

E adesso scuoti, osserva e divertiti!

UN PESCE GROSSO

Tu sei unico.
Riempi le squame di questo pesce con tutte le qualità che ti rendono speciale agli occhi degli altri e di te stesso. Usa tanti colori!

Chiedi suggerimenti, se ne hai bisogno.

IL POTERE DEL NOME

Il tuo nome è importante per te
e per chi ti ama.

Scrivi lentamente il tuo nome con un dito sul palmo della mano: può essere il tuo nome completo (nome e cognome), il tuo soprannome o solo il tuo nome di battesimo. Poi ripetilo con ogni dito.

Adesso prova quest'attività con un amico o un adulto. Pronuncia molto lentamente il tuo nome sul palmo della sua mano e poi chiedi a lui di pronunciare il suo nome sul palmo della tua.

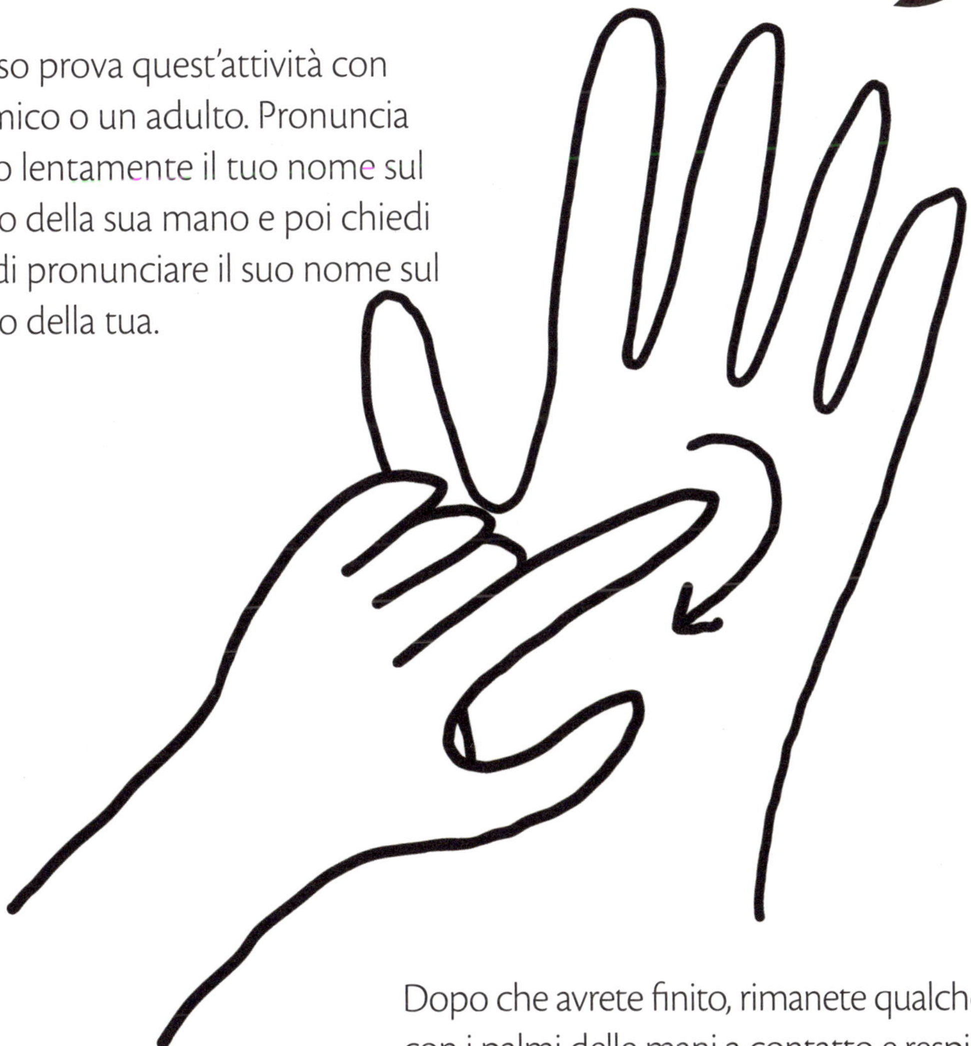

Dopo che avrete finito, rimanete qualche minuto con i palmi delle mani a contatto e respirate profondamente all'unisono guardandovi negli occhi.

IL PESCIOLINO NEL LAGHETTO

Chi vive nel tuo caldo laghetto sicuro? Trasforma tutti quelli che ami in creature marine e sguazzate insieme!

Assicurati di includere chiunque ti sostenga e ti aiuti, anche animali domestici e pupazzi preferiti.

COLORA QUESTA SCRITTA COME PREFERISCI.

NON
SONO
SOLO

ANIMALETTI DI PIETRA

È facile prendersi cura di una famigliola di animaletti di pietra, e questi cuccioli speciali sapranno regalarti ore di divertimento e compagnia! Vuoi creare per loro storie o giochi? Forza, che aspetti!

Inizia facendo una passeggiata con un adulto lungo la spiaggia, nel parco, nel bosco o anche solo nel tuo giardino

Cerca oggetti naturali interessanti da usare per creare i tuoi animaletti di pietra, insieme a cinque o sei sassi o ciottoli lisci che ti stiano nel palmo della mano.

Portati dietro un sacchetto di plastica dove raccogliere piume, foglie o tutto ciò che cattura la tua attenzione.

È importante che tu non raccolga piante o bacche e che non entri in proprietà private.

Se preferisci, puoi usare articoli per il bricolage insieme o al posto degli oggetti naturali.

Pulisci gli oggetti con sapone liquido e acqua calda, poi asciugali bene con la carta da cucina.

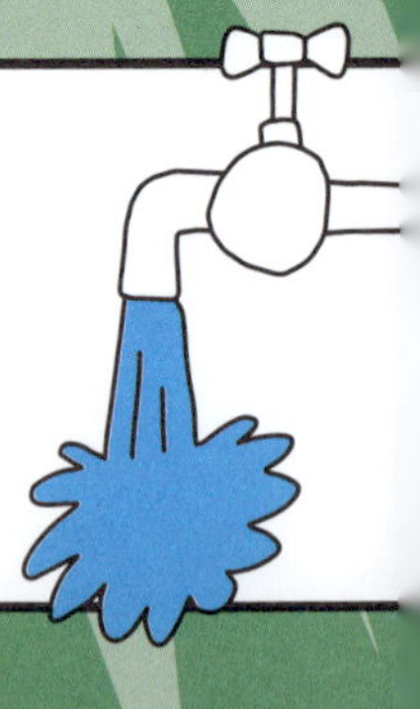

Procurati il resto del materiale:

- Tempera
- Pennarelli
- Occhi finti
- Colla per lavoretti
- Nastro
- Perline
- Bottoni
- Pompon
- Forbici
- Pennelli

Puoi lasciare i sassi al naturale, dipingerli o usare i pennarelli per decorarli.

Usa i vari oggetti (naturali e per il bricolage) per creare facce, ali, macchie, strisce o tutto ciò che vuoi!

Nel creare i tuoi animaletti di pietra, esprimi la personalità e le qualità di ciascuno con il modo in cui li decori.

Ricordati di chiedere aiuto a un adulto per tagliare o incollare.

Se hai un pezzo di legno puoi usarlo come piedistallo.

LA DANZA DELLE FORME

ACCENDI LA MUSICA E BALLA!

Prendi per mano un amico o balla per conto tuo.

Cerchi, quadrati, triangoli… qualsiasi forma geometrica riesci a fare con il corpo.

Usa le braccia, le mani, i fianchi, le gambe e i piedi: insomma, usa ogni parte di te!

SCATENATI: NESSUNO TI VEDE!

Ballare a ritmo di musica è fantastico quando sei spaventato.

Aiuta a liberarsi in fretta dalla paura e ti regala tantissima **ENERGIA NATURALE** in più.

TI SENTIRAI:

- Meno stressato
- Meno stanco
- Meno ansioso
- Meno frustrato
- Più a tuo agio
- Più in grado di concentrarti
- Più in grado di dormire bene
- Più positivo

E TI DIVERTIRAI UN SACCO!

VECCHIO SCARPONE

Le scarpe che non ti vanno più bene fanno un gran male.

Anche se prima ti andavano bene e ti calzavano a pennello, adesso sono inutili, perciò devi sbarazzartene.

Come butti via le scarpe strette, fai la stessa cosa con le paure.

Quali vecchi paure ti stavano strette e hai già superato?

Scrivi su queste paia di scarpe le paure che non hai più e decorale come preferisci.

Se sai perché hai superato una paura, scrivilo sotto il relativo paio di scarpe.

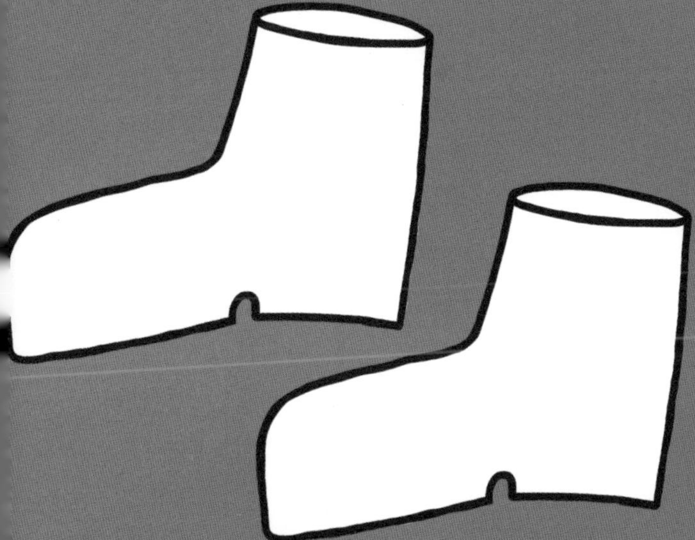

FOSSILI

Un giorno le paure di oggi saranno fossili.

Insegnare all'IoCervello a prendere il comando fa sì che ciò accada persino più in fretta, lasciandoti libero di tornare a goderti la vita.

Seppellisci le tue paure in queste rocce e osservale trasformarsi in fossili.
Cosa penseranno i futuri cacciatori di fossili delle tue vecchie paure?

SONO AL SICURO

COLORA IL DISEGNO

Scrivi nell'ombrello il nome di persone e cose che ti fanno sentire sicuro, o disegnale.

AIUTO!

È davvero difficile chiedere aiuto, ma con un po' di pratica migliorerai.

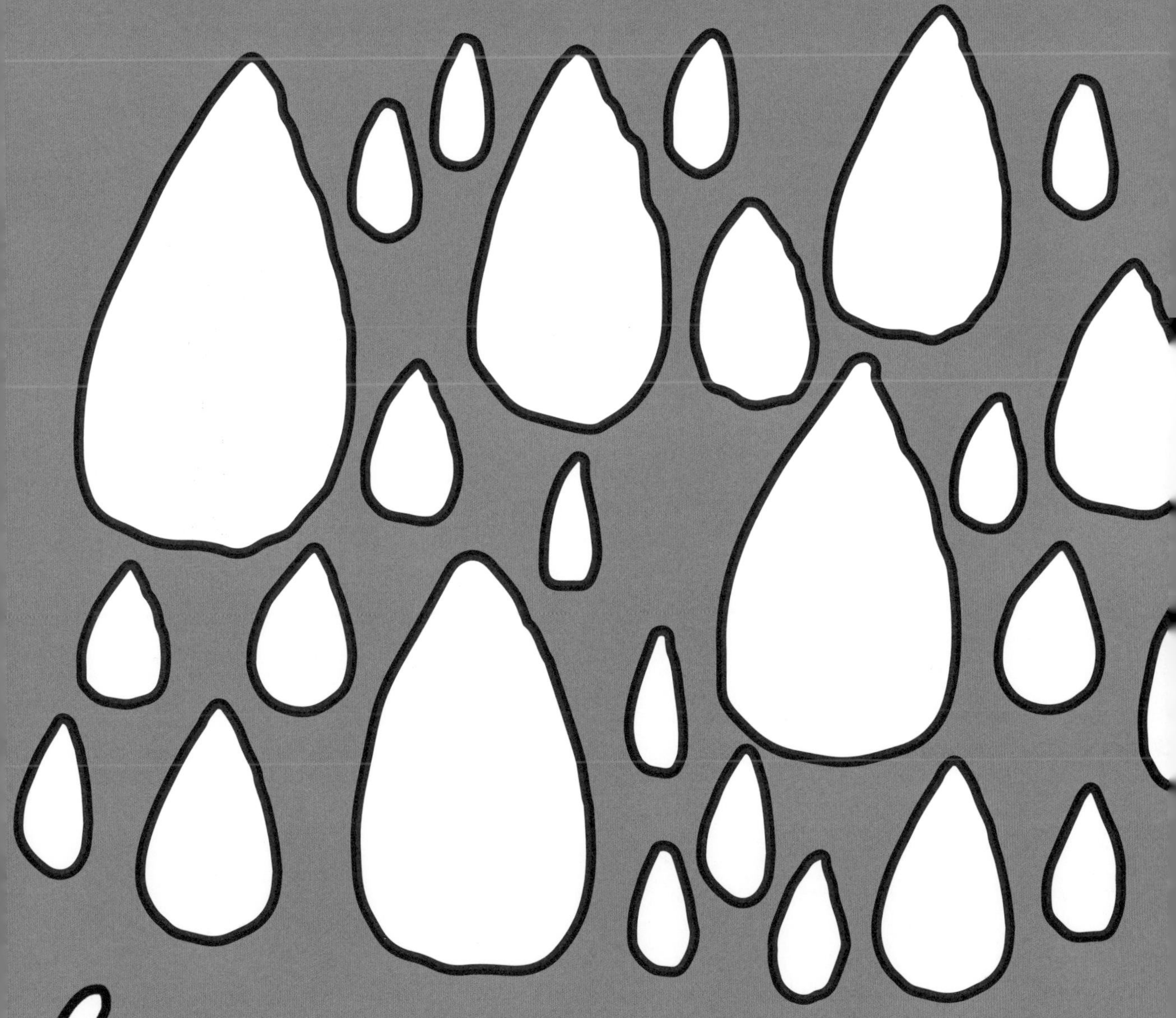

In ciascuna di queste gocce di pioggia scrivi un momento della tua vita in cui avresti potuto chiedere aiuto. Soffermati un paio di minuti su ogni goccia e immagina cosa avresti chiesto, e in che modo, e cosa sarebbe potuto andare diversamente.

Una volta fatto, colora la goccia. Puoi tornare a quest'attività ogni volta che ti viene in mente un altro episodio.

TEMPO D'ANSIA

Chiedi a un adulto con cui vivi di fare quest'attività insieme a te. Se in casa c'è più di un adulto, possono fare a turno.

Scegli un momento per fare quest'attività 10 minuti al giorno per 10 giorni.

Durante questi 10 minuti parla esclusivamente delle tue preoccupazioni e paure. L'adulto ti ascolterà amorevolmente e non cercherà di risolvere niente subito (ti potrà aiutare dopo). Se hai terminato le preoccupazioni, rimanete semplicemente seduti a chiacchierare finché non finisce il tempo.

Dopo 10 minuti fate 10 respiri lenti e profondi tenendovi le mani e guardandovi direttamente negli occhi (potreste ridacchiare!).

Poi abbracciatevi per 10 secondi.

Giorno per giorno, segna con una X su questa griglia le fasi che hai eseguito.

10 minuti										
10 respiri profondi										
Abbraccio di 10 secondi										

Ecco alcuni modi di ascoltare amorevolmente. Quali vorresti che usasse il tuo adulto?

- ☐ Va bene avere paura
- ☐ Posso aiutarti a essere coraggioso
- ☐ Ti darò una mano a risolvere la cosa
- ☐ Sono qui per te
- ☐ È davvero un momento difficile
- ☐ Ti ascolto
- ☐ Raccontami bene tutto
- ☐ Dimmi pure
- ☐ Non sembra giusto
- ☐ Voglio essere qui per te
- ☐ Vedrai che questa sensazione passa
- ☐ Hai le carte in regola per farcela
- ☐ Capisco perché ti spaventa
- ☐ Ti starò vicino, risolviamo insieme quando ti senti pronto

LA SUPERBOLLA

Disegna te stesso al centro della bolla.
Disegnati rilassato, felice e comodo.

Ricalca forte il contorno della bolla grande con i tuoi colori preferiti, rendendolo bello spesso. Se vuoi colora anche l'interno.

Le bolle piccole sono le tue paure. Colorale, etichettale o lasciale bianche, come vuoi.

Mentre esegui la respirazione triangolare, lenta e profonda, passa cinque minuti a immaginare le bolle piccole che si avvicinano a te ma non riescono minimamente a raggiungerti perché tu sei al sicuro e felice nella bolla grande.

Rendi la tua bolla ancora più spessa, se serve.

Puoi far scoppiare le bolle piccole quando hanno perso il loro potere su di te.

UNA VERA GIUNGLA!

LE SCIMMIETTE SPAVENTATE FANNO UN GRAN CHIASSO E CREANO IL CAOS NELLA GIUNGLA.

PALPITAZIONI

Immagina di insegnare loro a usare l'IoCervello invece del TartaCervello e del TopoCervello.

ONDATE DI CALDO O DI FREDDO

TREMITI

MANI FORMICOLANTI

Scrivi sulle scimmiette sfacciate le varie cose che vedi succedere nel tuo corpo quando ti spaventi, nell'ordine in cui compaiono.

SCARABOCCHIAMI!

Sbizzarrisciti creando spassosi
e stravaganti disegni.

Non pensare,
disegna e basta!

LA SCATOLA DELLA SERENITÀ

Metti via la paura!

Trova una scatola da usare per quest'attività: può essere una vecchia scatola di scarpe, un portapranzo o una vaschetta del gelato. Decorala come preferisci.

Riempi la scatola con oggetti piacevoli da toccare che potrai maneggiare ogni volta che avrai bisogno di rilassarti o calmarti.

Metti nella scatola tutto quello che vuoi. Ecco alcune idee:

Pietre calmanti

Peluche

Asciugamanino

Plastilina

Pluriball

GADGET ANTISTRESS

PALLA ANTISTRESS

Elastici

Perline

Pompon

Braccialetti dell'amicizia

Crema per le mani

Se a volte sei spaventato a scuola, chiedi all'insegnante se puoi tenere una scatola come questa in classe.

IN PRIMA PAGINA

Le notizie dei giornali che parlano di cose successe nel mondo spesso rendono le persone tristi, ansiose o confuse. Va bene provare queste emozioni: non sei l'unico. Ecco cosa devi ricordare:

Le notizie fanno notizia perché sono rare. Queste cose terribili finiscono sui giornali perché non succedono molto spesso.

SEI AL SICURO

Guardati attorno in questo istante: sei al sicuro. Chiedi a qualcuno di abbracciarti o chiacchierare con te.

CONDIVIDI LE PREOCCUPAZIONI

Parlane con un adulto di cui ti fidi a casa o a scuola e raccontagli cosa ti turba.

È TUTTO OK

Essere tristi e preoccupati per queste cose è normale. Anche gli adulti diventano tristi e confusi per lo stesso motivo.

C'È ANCHE ALTRO

IL MONDO È UN POSTO FANTASTICO E OGNI GIORNO SUCCEDONO TANTISSIME COSE MERAVIGLIOSE. CERCA NOTIZIE SU PERSONE GENTILI CHE COMPIONO AZIONI GENEROSE E PREMUROSE VERSO GLI ALTRI.

FAI QUALCOSA DI DIVERTENTE

Guarda il tuo film preferito, porta a spasso il cane, gioca a calcio con gli amici, leggi un libro che ami o completa alcune pagine di questo libro!

BINGO!

Pensare ad altre persone ti lascia meno tempo per pensare alle tue paure. Segna con una X ogni atto di gentilezza di questa scheda quando lo hai compiuto. Una volta completata l'intera pagina fai qualcosa di carino per te stesso.

SCRIVI UNA LETTERINA A QUALCUNO CHE TI STA A CUORE	RINGRAZIA UN ADULTO PER QUALCOSA A CASA	AIUTA QUALCUNO PRIMA CHE TE LO CHIEDA	RIMETTI LE TUE COSE IN ORDINE
CEDI IL PASSO A QUALCUNO	RIMETTI A POSTO LA SEDIA DI QUALCUNO SE NON LO HA FATTO	RINGRAZIA UN ADULTO PER QUALCOSA A SCUOLA	TIENI LA PORTA APERTA PER QUALCUNO
INVITA UN NUOVO AMICO A GIOCARE NELL'INTERVALLO	FAI UN COMPLIMENTO A QUALCUNO	SALUTA UNA PERSONA NUOVA	RINGRAZIA UN AMICO PER QUALCOSA
CREA UN BIGLIETTO PER QUATTRO PERSONE CHE TI PIACCIONO	FAI UN ALTRO COMPLIMENTO	AIUTA QUALCUNO CHE HA FATTO CADERE QUALCOSA	RIMETTI A POSTO ANCHE SE NON SEI STATO TU A METTERE IN DISORDINE.

ARTE NATURALE

Vai in giardino, nel parco, in spiaggia o nel cortile della scuola con un amico o un adulto

Assicurati che qualcuno sappia dove sei.

Crea un'opera di land art a terra usando sole cose naturali che trovi lì intorno.

Puoi usare pezzi di legno, castagne d'India, semi, conchiglie, pietre, foglie o qualsiasi altra cosa che non devi cogliere.

Il tuo disegno può essere molto dettagliato oppure solo una forma come una spirale, un cuore o quello che vuoi.

LASCIA LÌ LA TUA OPERA D'ARTE, COSÌ CHE I PASSANTI POSSANO AMMIRARLA.

Colora queste pagine e disegna qui la tua opera di land art.

Per farti venire qualche idea puoi guardare
le opere di Andy Goldsworthy.

NUTRI IL TUO GUERRIERO

Nel tuo IoCervello c'è un guerriero che ha già superato moltissime difficoltà.

Ciò che pensi di te stesso dipende da quali pensieri alimenti.

Nutri il tuo guerriero interiore!

YOGA - GUERRIERO 1

Mettiti dritto, poi porta in avanti una gamba, piegando il ginocchio, mentre l'altra gamba sarà tesa dietro di te. Inarca la schiena, tendendo verso l'alto le braccia e le mani. Guarda dritto davanti a te.

Di': «**SONO FORTE**».

YOGA - GUERRIERO 2

Dalla posizione del Guerriero 1, allunga le braccia davanti a te e ruota il torace da un lato. Tieni un braccio teso in avanti e uno teso indietro.

Di': «**SONO POTENTE**».

YOGA - GUERRIERO 3

Dalla posizione del Guerriero 2, porta le braccia in avanti e raddrizza la gamba davanti, sollevando leggermente da terra il piede dietro. Apri le braccia se ti serve maggior equilibrio.

Di': «**SONO CORAGGIOSO**».

Puoi anche rafforzare il tuo TartaCervello e TopoCervello per farli diventare ancora più coraggiosi.

POSIZIONE DELLA TARTARUGA

Con le gambe divaricate e le ginocchia piegate, spingi in avanti la testa e la pancia, infilando le mani sotto le caviglie.

Di': **«SCELGO LA CALMA».**

POSIZIONE DEL TOPO

Mettiti in ginocchio a terra, con i piedi vicini. Appoggia il petto sulle cosce e il mento sulle ginocchia, e tieni braccia e mani lungo i fianchi, con i palmi verso l'alto.

Di': **«SONO AL SICURO E PROTETTO».**

Combatti i leoni con questa...

...POSIZIONE DEL LEONE

Mettiti in ginocchio per terra, con i piedi vicini. Con le mani sulle ginocchia o sul pavimento davanti a te, inarca la schiena. Solleva la testa e tira fuori la lingua per tre secondi come se ruggissi,

poi di': **«SONO FEROCE COME VOI».**

I BISCOTTI DELLA BONTÀ

Regala a qualcuno un biscotto della bontà. Guarda quanto questo dono fa stare bene chi lo riceve e quanto f stare alla grande TE!

A CHI REGALERAI IL BISCOTTO DELLA BONTÀ?

Rovescia una tazza e tracciane il contorno per creare un cerchio

Ecco alcuni suggerimenti, ma puoi scrivere tutto quello che vuoi:

SEI FANTASTICO

TI VOGLIO BENE

Scrivici sopra un gustoso messaggio e ritaglia il cerchio.

Scrivi il nome della persona sull'altro lato.

Coloralo e se vuoi incollaci sopra zuccherini o lustrini.

SEI DOLCISSIMO	PUOI FARE GRANDI COSE
SEI MOLTO CORAGGIOSO	SEI MIO AMICO

Crea un poster "Wanted", così altri ti potranno aiutare a catturare una delle tue paure e sbarazzartene una volta per tutte.

WANTED!

COLPEVOLE DI.................................

....

RICOMPENSA................................

....

ABRACADABRA

Se avessi una bacchetta magica e potessi fare un miracolo proprio adesso, cosa vorresti cambiare? Scegli una cosa.

Cosa è migliorato adesso che hai cambiato questa cosa?

Chi ne beneficerà?

Chi sarà il primo ad accorgersi del cambiamento?

PROFUMO D'ARANCIA

Le arance hanno un profumo meraviglioso che può farti sentire davvero bene.

Crea un pomander di arancia da tenere per te o da regalare a qualcuno che vorresti far star bene. Puoi fare qualsiasi disegno sulle arance: scatena la creatività!

Assicurati di non usare cose a cui sei allergico e chiedi a un adulto di aiutarti in quest'attività.

TI SERVONO:

Un'arancia

Una matita appuntita

Chiodi di garofano

Un cucchiaino da tè di metallo

Elastici

Nastrini

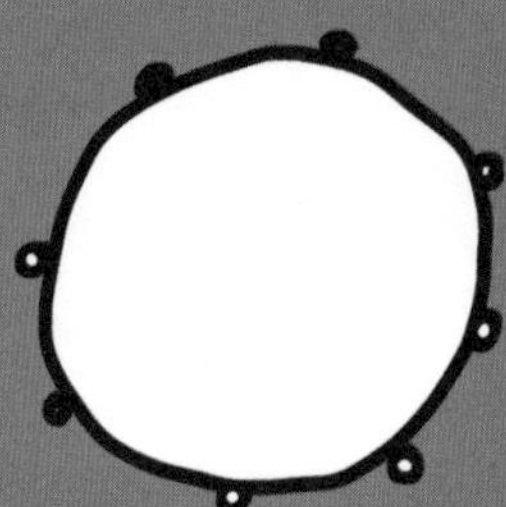

ISTRUZIONI:

Usa l'estremità del cucchiaino per grattare via dei pezzettini di buccia in modo da creare disegni sull'arancia. Puoi farlo anche con le unghie!

Fai dei forellini nell'arancia con la matita seguendo lo schema che preferisci e infilaci dentro i chiodi di garofano.

Puoi provare con forme a stella, spirale, righe e zigzag.

Crea disegni con elastici o nastri.

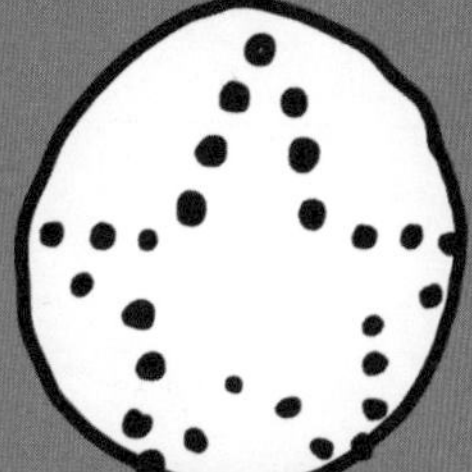

MOSTRICCIATTOLI

Ritaglia e completa questi spaventosissimi mostri delle paure.

Privali del loro potere intrappolandoli in barattoli senza ossigeno, cibo o acqua. Metti un'etichetta sul barattolo con il loro nome.

Mettili in un posto dove puoi vederli tutti i giorni.

Intrappolati nel barattolo, non possono crescere né darti fastidio.

Quando non avrai più paura di loro, buttali semplicemente nella pattumiera e ricicla i barattoli.

AMORE ASSOLUTO

Riempi questa pagina di amore per una persona o una cosa nella tua vita che è superspeciale per te.

SuperEROE

Mettiti davanti allo specchio con le mani sui fianchi.

Adesso sorridi e immagina di essere il supereroe che sosterrà e proteggerà te e altri da una delle tue paure.

COSE DA DEFINIRE:

Come si chiama il tuo supereroe? ....

Qual è il tuo superpotere? ....

Quale paura stai combattendo per il bene del mondo? ....

Quale costume indosserai? ....

Come fai a trasformarti e indossare il costume? ....

Immagina una situazione dove il tuo supereroe salva la situazione.

Puoi scriverci un articolo di giornale o realizzare un servizio TV.

Pensa ad altri supereroi per trovare l'ispirazione, poi sii creativo.

Disegna nello specchio il riflesso del tuo supereroe e circondalo con tutte le parole che ti descrivono.

INDOVINA CHI

Fai questo gioco con gli amici e i parenti ogni volta che vuoi sghignazzare un po'.

A turno, impersonate un animale, un personaggio dei cartoni o una persona famosa che ammirate.

Ecco alcuni suggerimenti di animali con cui partire:

CONIGLIO
GABBIANO
FARFALLA
ALLIGATORE

GIRAFFA
RANA
PESCE
CANE
ELEFANTE
UCCELLO
SCIMMIA
CRICETO
RICCIO
GATTO
ANATRA
SCIMPANZÉ
LEONE
FOCA
SQUALO
GRIZZLY
PINGUINO
SERPENTE
GUFO
CANGURO
TARTARUGA
TOPO

AIUTO VIA LETTERA

Scrivi una lettera a te stesso come se a scrivere fosse qualcuno che hai aiutato in passato.

Immagina come si è sentito nel ricevere il tuo sostegno e la differenza che il tuo gesto ha fatto per lui.

Non dev'essere per forza una cosa grande: anche una cosa piccola fa la differenza per una persona in difficoltà.

Come lo hai aiutato? Che problema aveva? Che cosa hai fatto?

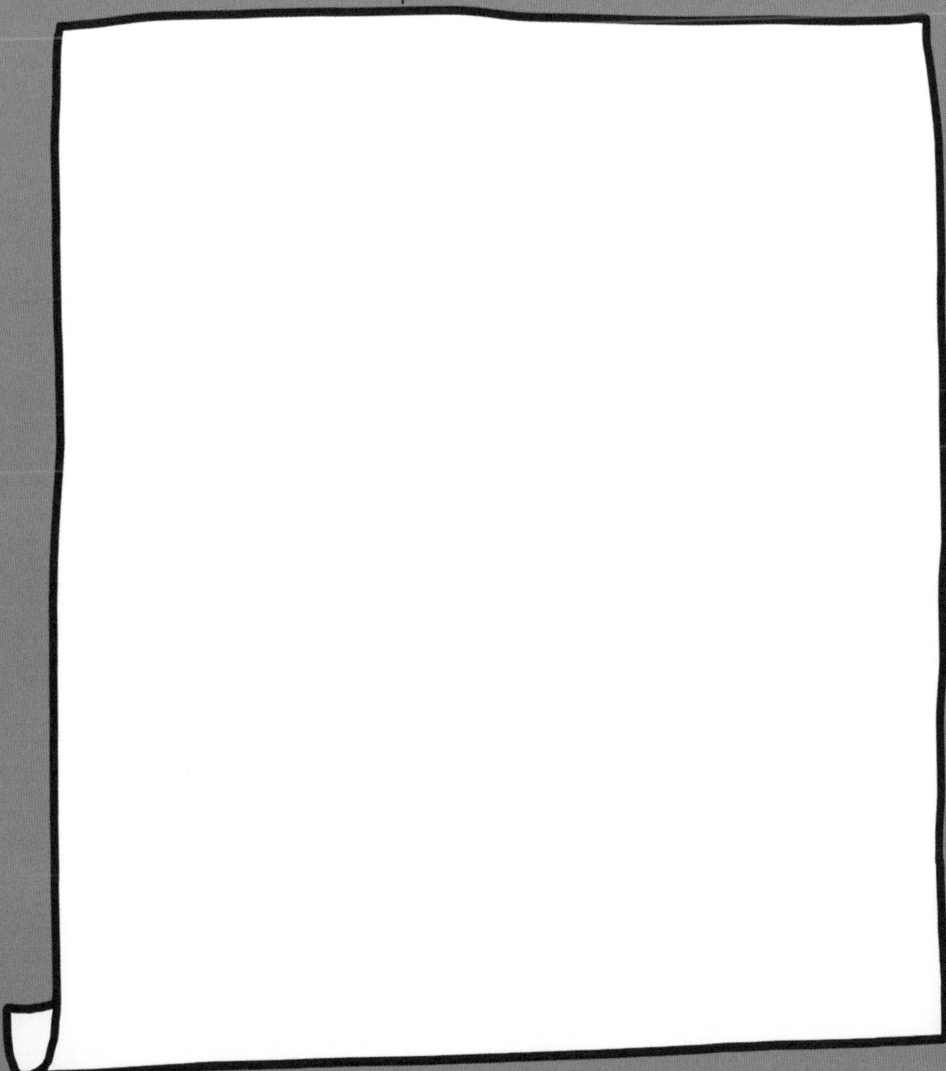

FOGLIE SUL FOGLIO

Ogni anno le stagioni cambiano e le foglie vecchie vengor spazzate via per far spazio a foglie nuove e giovani.

Allo stesso modo, anche tu puoi liberarti dei pensieri vecchi e indesiderati e far spazio a pensieri molto più belli e nuovi.

Riempi queste foglie con vecchie preoccupazioni e paure di cui vuoi sbarazzarti, poi immagina il vento che le spazza via.

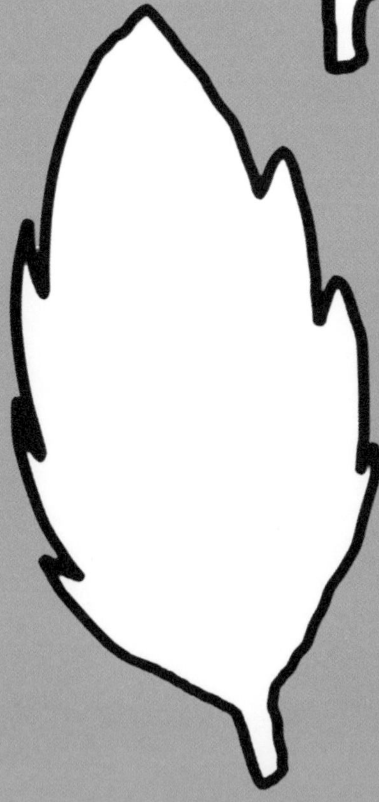

Adesso fatti venire in mente
alcuni nuovi pensieri che ti
aiutino a sentirti più felice.

TEMPO PER ME

Come chiunque altro, hai bisogno di tempo per riflettere e imparare a capirti, così potrai chiedere ciò che ti serve.

QUANDO SONO STANCO

divento scontroso

HO BISOGNO DI

andare a letto presto

QUANDO SONO SPAVENTATO

HO BISOGNO DI

QUANDO

HO BISOGNO DI

QUANDO

HO BISOGNO DI

QUANDO

HO BISOGNO DI

QUANDO SONO FELICE

HO BISOGNO DI

Riempi questi box con quello che provi o con le cose che fai quando sperimenti varie emozioni, poi scrivi cosa ti serve per stare meglio.

QUANDO

....

HO BISOGNO DI

....

QUANDO SONO ANNOIATO

....

HO BISOGNO DI

....

QUANDO

....

HO BISOGNO DI

....

Perché non leggi a qualcuno quello che hai scritto per esercitarti a chiedere aiuto? Così la prossima volta sarà più facile!

QUANDO

....

....

HO BISOGNO DI

....

....

QUANDO

....

....

HO BISOGNO DI

....

....

QUANDO SONO ARRABBIATO

....

HO BISOGNO DI

....

BEN DETTO!

Riempi l'intera pagina con la tua parola
o frase preferita.

AZIONE!

Sconfiggi una delle tue paure! Cerca di capire cosa devi fare per riuscirci e dell'aiuto di quali persone hai bisogno.

Crea uno storyboard (una sceneggiatura disegnata) per mostrare cosa farai.

In che modo è migliore la vita senza questo problema?

Cosa puoi fare adesso che ti sei liberato di questa paura?

SUGGERIMENTO

A volte è più facile iniziare dalla fine e tornare indietro

IL KIT DEL CORAGGIO

Potrebbero esserci
giorni in cui è dura
ESSERE CORAGGIOSI.
Questo kit del coraggio
è una scatola degli
attrezzi che ti aiuterà
a ricordarti quanto sei
forte e incredibile!

Raduna alcune cose che
ti rendono felice e che ti
aiuteranno a superare le paure.

Sono i tuoi attrezzi!

Per costruire il kit del coraggio, trova una scatola di scarpe e decorala come preferisci.

Oppure puoi usare una scatola regalo.

Cerca di scegliere attrezzi che ti aiutino a:

sentirti sano

sentirti al sicuro

sentirti amato

sentirti accolto

sentirti una brava persona

sentire di poter raggiungere obiettivi

SUGGERIMENTO

Foto di te con parenti e amici, lettere, biglietti d'auguri, bigliettini di ringraziamento, attestati, stickers, medaglie sportive, disegni e post-it sono tutti ottimi attrezzi.

LA ZONA SICURA

Trova un posticino calmo e tranquillo in cui poterti rilassare.

Inspira ed espira profondamente per tre minuti. Mentre inspiri ripeti nella mente: "fai entrare la calma" e mentre espiri ripeti: "fai uscire la paura".

Ora immagina un luogo in cui saresti completamente al sicuro e a tuo agio.

Disegnalo con molti dettagli oppure incolla un'immagine di una rivista o una fotografia.

Fissa per cinque minuti il disegno (o l'immagine, o la foto) e immagina di essere lì e di sentirti alla grande!

Il tuo posto sicuro può essere un luogo che hai visto, che hai visitato, di cui hai sentito parlare, di cui hai letto o che hai sognato. È un luogo speciale dove tutto è tranquillo, calmo e sicuro!

SENTI CHE BEL RUMORE!

Sia che ti trovi in un ambiente chiassoso o tranquillo, prenditi un minuto per ascoltare con attenzione il tuo mondo.

Togliti scarpe e calzini, mettiti comodo, chiudi gli occhi e ascolta semplicemente per un intero minuto.

Cerca di seguire i suoni senza tentare di capire cosa sono né giudicarli in alcun modo.

Ti va di farlo per due minuti la prossima volta? Provaci! Se vuoi puoi aumentare ogni volta di un minuto.

I GIORNI MIGLIORI

Riempi le pagine di questo album con i ricordi più felici di momenti belli e di successi che hai ottenuto.

Dai un titolo a ciascun ricordo e se vuoi raccontalo a qualcuno oppure tienitelo per te.

Usa parole o disegni, o incolla foto, stickers, vecchi biglietti o quello che ti sembra più indicato.

CARA PAURA

Qualcuno ti ha fatto agitare? Magari potresti spiegare una delle tue paure perché vuoi che ti lasci in pace.

Scrivi una lettera per spiegare qual è il problema e cosa vuoi che succeda. Racconta anche come sarebbe molto più piacevole la vita senza questa brutta sensazione.

AFFERMAZIONI

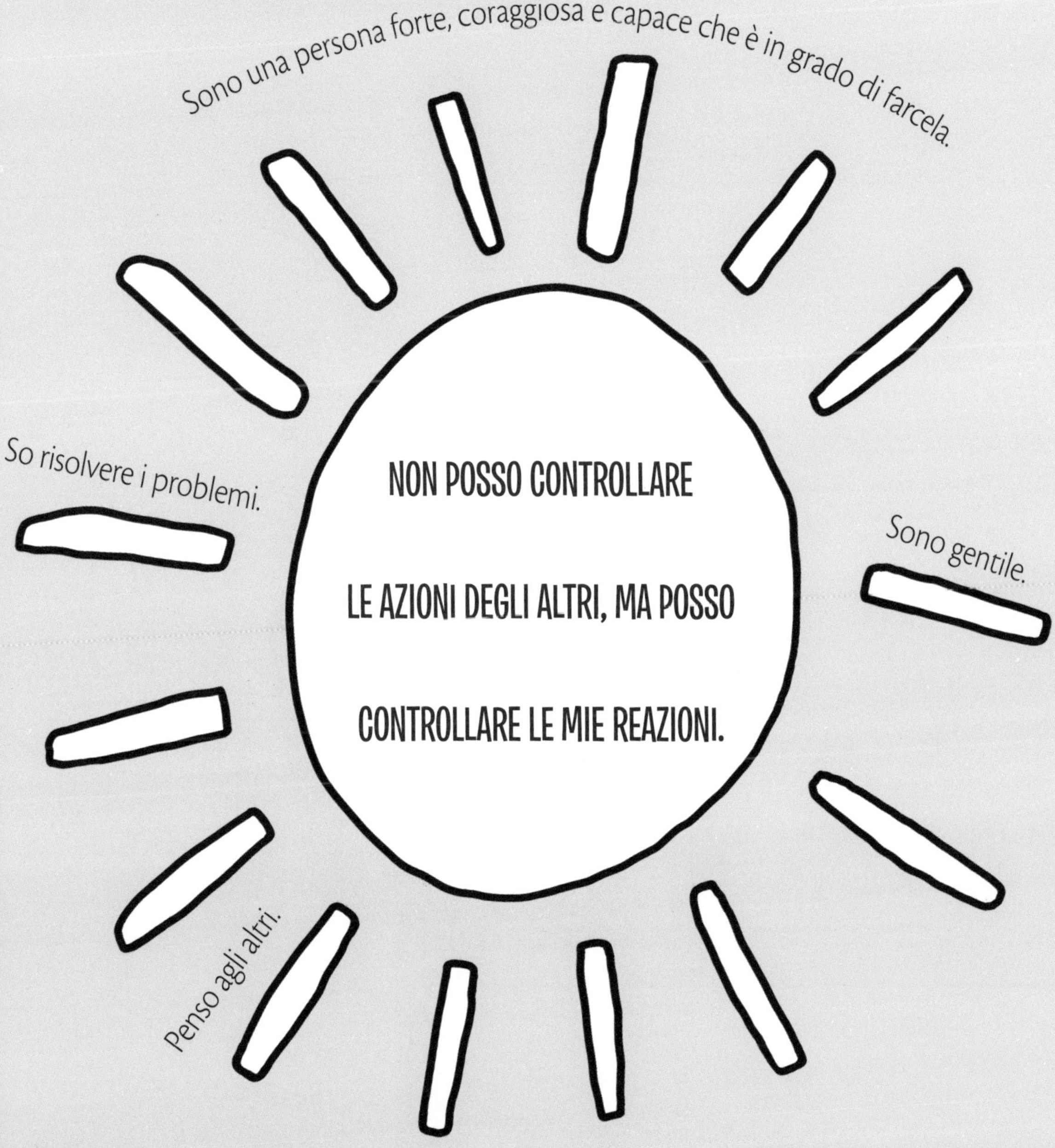

Pensa ad alcuni tuoi pregi e scrivili sui raggi di sole per non dimenticartene.

Pronuncia ad alta voce queste frasi ogni sera prima di andare a letto e ogni mattina appena sveglio.

UN MOMENTO NEL TEMPO

Non proverai sempre le sensazioni che provi adesso.

Costruisciti una capsula del tempo per documentare la tua situazione attuale, così potrai riguardare indietro a questo periodo dal futuro! Puoi persino farlo ogni anno in un giorno speciale per te e vedere cosa è cambiato.

TI SERVONO:

Un grosso barattolo o contenitore di plastica

Pellicola da cucina

Una raccolta di informazioni su di te, foto e ricordi

ISTRUZIONI:

Inserisci la tua collezione di oggetti nel contenitore e sigillalo. Decidi dove metterai la capsula. Se vuoi puoi avvolgerla nella pellicola da cucina e seppellirla in giardino (chiedi a un genitore prima di farlo!). Non dimenticarti di scrivere da qualche parte dov'è, così potrai ritrovarla!

PROVA A FARE UN ELENCO DELLE TUE COSE PREFERITE:

Canzoni
Cantanti
Cibi
Giochi
Hobby

Giocattoli
Libri
Film
Personaggi famosi

Insegnanti
Amici
Materie scolastiche
Squadre sportive
Colori

Puoi annotare ogni genere di informazione su di te, come nome, cognome, età, scuola, insegnante e altezza. Potresti anche scrivere cosa vuoi fare da grande.

VIA COL VENTO

C'è qualcosa che ti tieni stretto da tanto, troppo tempo?

Può essere un ricordo, una preoccupazione, una paura o semplicemente una brutta sensazione.

Annota sui palloncini i tuoi pensieri, le tue emozioni e i tuoi ricordi e lasciali liberi di volare via nel cielo. Osservali mentre si allontanano da te per sempre.

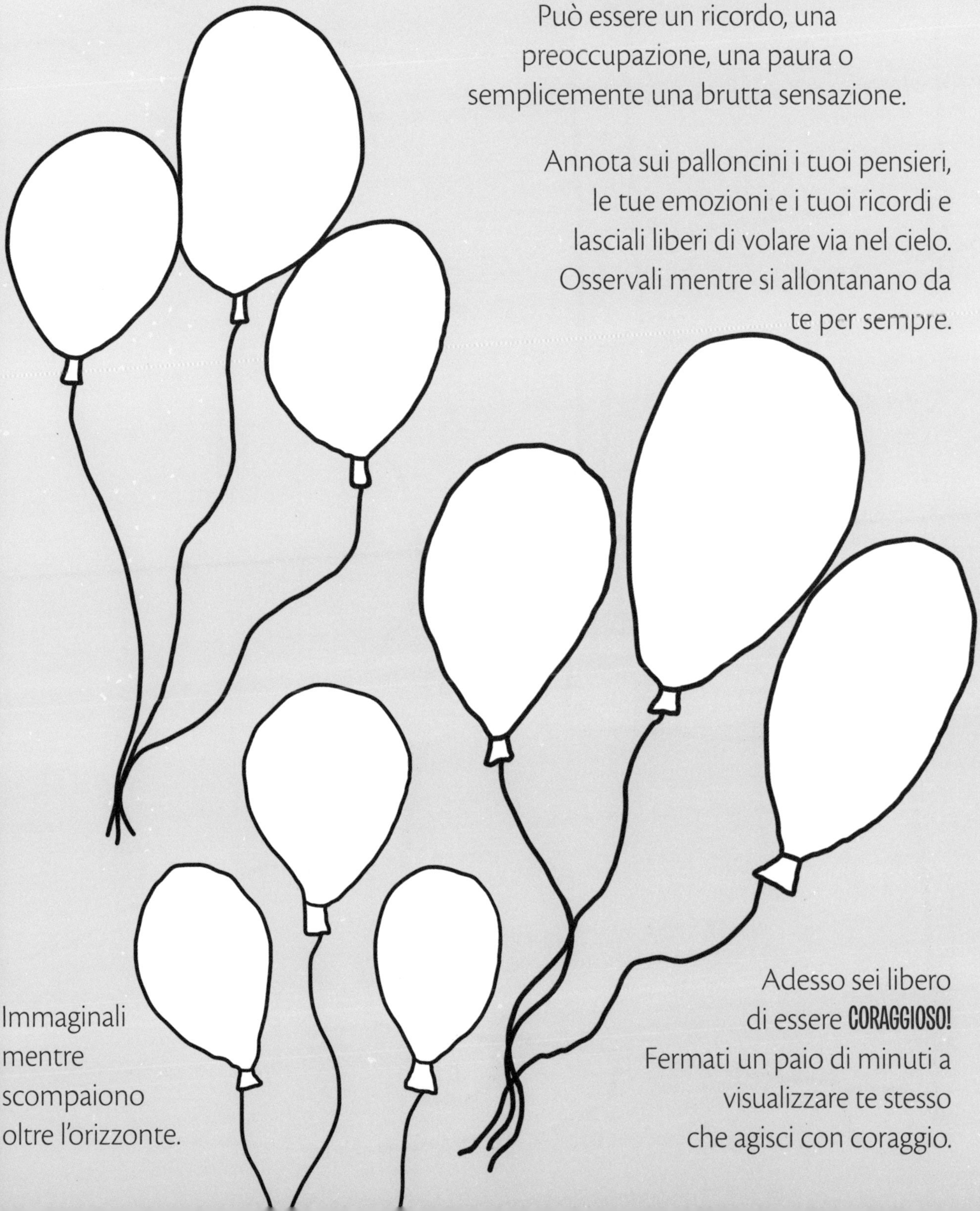

Immaginali mentre scompaiono oltre l'orizzonte.

Adesso sei libero di essere **CORAGGIOSO!** Fermati un paio di minuti a visualizzare te stesso che agisci con coraggio.

LA MIA TERRA

Hai mai desiderato creare un'isola tutta tua?

Che tipo di posto sarebbe?

Come la chiameresti?

Disegna una mappa, così saprai come muoverti. Puoi invitare degli ospiti, se vuoi.

Scrivi una legenda per illustrare il paesaggio e le sue caratteristiche.

LEGENDA:

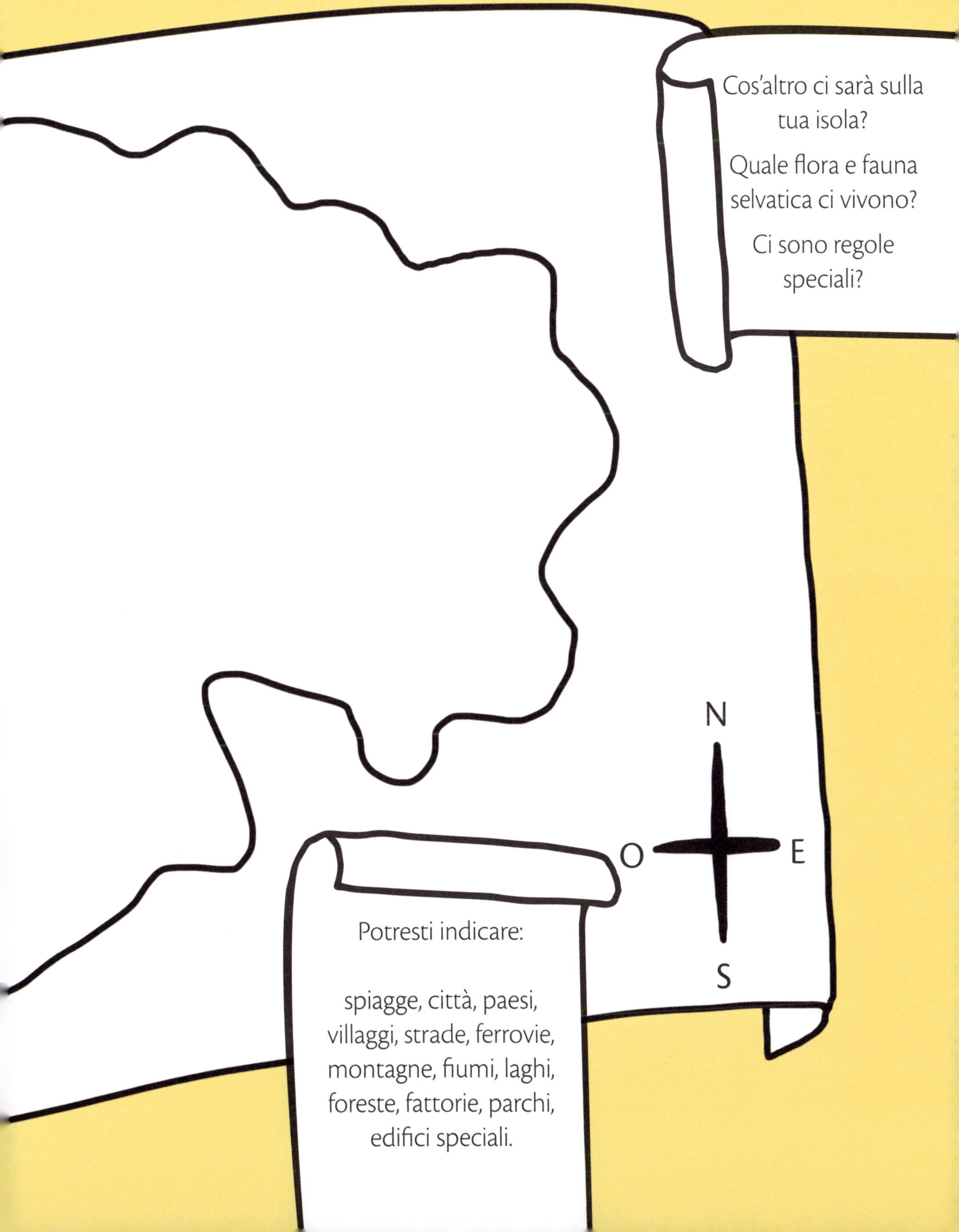
Cos'altro ci sarà sulla tua isola?
Quale flora e fauna selvatica ci vivono?
Ci sono regole speciali?
N
O
E
S
Potresti indicare:
spiagge, città, paesi, villaggi, strade, ferrovie, montagne, fiumi, laghi, foreste, fattorie, parchi, edifici speciali.

UNA BUONA NOTTE

Prima di andare a letto è bene calmare tutte e tre le par del cervello per dormire meglio e svegliarti rinvigorito

ESEGUI LA ROUTINE DELLA BUONANOTTE IN QUEST'ORDINE:

Per mettere a nanna il TartaCervello, respira profondamente e con calma per qualche minuto mentre te ne stai seduto sul letto.

Pratica la respirazione triangolare o un'altra tecnica che conosci. Puoi farlo da solo o con qualcuno.

Mettiti a letto e chiudi gli occhi per 10 secondi. Poi riaprili e conta fino a 30. Ripetilo tre volte. Ricordati di continuare con la respirazione profonda.
Il tuo TopoCervello si addormenterà in un baleno.

ADESSO PREPARA PER IL SONNO IL TUO IO-CERVELLO. ECCO COME:

1
Leggi per circa 10 minuti un libro che ti piace: ti aiuterà a calmarti.

2
Posa il libro e racconta a te stesso tre cose positive sulla giornata che hai trascorso.

3
Ringrazia nella mente tre persone che ti hanno aiutato oggi. Una di loro potresti essere tu!

4
Pensa a tre cose positive che non vedi l'ora di fare domani.

5
Guarda tre cose nella tua stanza che ami avere intorno (magari una foto, un orsacchiotto o il tuo libro preferito).

6
Chiudi gli occhi e nota tre cose che senti, come il tuo respiro, la morbidezza del piumone o qualsiasi altra cosa.

Non c'è niente di speciale nel numero tre, perciò se preferisci un altro numero usalo pure!

COLORA!

Scegli i colori che vuoi.

SONO PIÙ FORTE DI QUANTO CREDO

CE L'HAI FATTA!

Adesso sei un esperto nell'arte del **CORAGGIO**!
Segna qui ogni volta che superi una delle tue paure (non importa quanto piccolo o grande sia il tuo successo).

SONO CORAGGIOSO!

RESPIRAZIONE TRIANGOLARE

È SOLO UN CRICETO!

SI PARTE!

Disegna un biglietto che ti porti in un luogo calmo e tranquillo o magari invece in un posto elettrizzante e avventuroso.

DOVE ANDRAI?

COME CI ARRIVERAI?

CHE COSA FARAI?

Ricordati di aggiungere il tuo nome, così tutti sapranno che è il tuo biglietto per la destinazione che desideri raggiungere.

Immagina chiaramente la destinazione mentre scrivi il biglietto.

CHI VERRÀ CON TE?

LA PAGINETTA PER I GRANDI

Questo libro di attività è perfetto per genitori, insegnanti, maestri, terapeuti, assistenti sociali ed educatori che vogliono aiutare i bambini a capire e a lasciarsi alle spalle ansie e preoccupazioni.

La vita moderna può essere davvero molto stressante per i nostri figli, che spesso hanno l'impressione di dover essere sempre popolari e vincenti. Sappiamo che sono sottoposti a molte pressioni interne ed esterne e che possono iniziare a paragonarsi agli altri che li circondano e sentire di non essere abbastanza bravi, il che può portarli ad avere paura delle sfide quotidiane.
I bambini sono molto resilienti e, in un ambiente amorevole e accogliente, spesso superano problemi e momenti difficili senza aver bisogno di un aiuto extra. Questo libro offre al bambino la possibilità di analizzare, esprimere e spiegare le sue paure e di aprirsi con l'adulto. Le attività divertenti, accrescono la calma interiore e il coraggio, migliorano la comprensione delle emozioni e incoraggiano una visione positiva della propria capacità di essere coraggiosi.

Quando hanno paura, i bambini possono finire per essere sopraffatti e isolati e lottare per dare un senso a quanto sta accadendo perché non dispongono delle parole o degli strumenti per spiegare la propria sofferenza. Potreste accorgervi di una diminuzione dell'autostima e della fiducia in sé e notare anche che lamentano mal di pancia, mal di testa o che sostengono di sentirsi esausti ed evitano attività che prima amavano.

Se la sofferenza o le paure di vostro figlio persistono per oltre tre mesi o aumentano invece di diminuire, potete parlarne con il suo insegnante, il medico di famiglia, un consulente o una delle organizzazioni elencate qui sotto.

Telefono Azzurro

Ascolta ogni giorno bambini e adolescenti e offre risposte concrete alle loro richieste di aiuto, anche attraverso la collaborazione con istituzioni, associazioni e altre realtà territoriali.

Possono chiamare l'**1.96.96** bambini e adolescenti che desiderino raccontare piccole e grandi difficoltà e anche adulti che intendano parlare di problemi che coinvolgono minorenni.

https://www.azzurro.it/

Farete famiglia

L'accompagnamento alla genitorialità è un intervento psicologico di sostegno per i genitori che, per motivi diversi vivono delle difficoltà nel ruolo genitoriale.

I percorsi di sostegno genitoriale mirano a comprendere e migliorare la relazione con i figli, gli stili educativi e comunicativi in famiglia per favorire una crescita migliore dei figli stessi.

http://www.faretefamiglia.it/

AIAMC

(Associazione Italiana di Analisi e Modificazione del Comportamento e terapia comportamentale e cognitiva)

Dal 1977, AIAMC insegna in tutta Italia la psicoterapia cognitivo comportamentale.

http://www.aiamc.it/

L'AUTRICE SHARIE COOMBES